邹碧华

法治燃灯者：

1967-2014

上海市高级人民法院 编

人民出版社

编 委 会

公正为民的好法官、敢于担当的好干部——"法治燃灯者"邹碧华

邹碧华同志是新时期公正为民的好法官、敢于担当的好干部。他崇法尚德，践行党的宗旨、捍卫公平正义，特别是在司法改革中，敢啃硬骨头，甘当"燃灯者"，生动诠释了一名共产党员对党和人民事业的忠诚。广大党员干部特别是政法干部要以邹碧华同志为榜样，在全面深化改革、全面依法治国的征程中，坚定理想信念，坚守法治精神，忠诚敬业、锐意进取、勇于创新、乐于奉献，努力作出无愧于时代、无愧于人民、无愧于历史的业绩。

二〇一五年一月六日

中共中央政治局常委、中央书记处书记刘云山向邹碧华亲属颁发中央组织部追授邹碧华同志的“全国优秀共产党员”证书。

2015 年 3 月 2 日，邹碧华同志先进事迹报告会在北京人民大会堂举行。

2015年1月24日，最高人民法院与中共上海市委联合召开命名表彰大会，追授邹碧华同志"全国模范法官"、"上海市优秀共产党员"荣誉称号。

中共中央政治局委员、上海市委书记韩正向邹碧华亲属颁发上海市委组织部追授邹碧华同志的"上海市优秀共产党员"证书。

2015年3月2日下午，邹碧华同志先进事迹报告会在最高人民法院举行。全国各高、中、基层法院干警通过视频同步观看了报告会。

最高人民法院党组书记、院长周强向邹碧华亲属颁发最高人民法院追授邹碧华同志的"全国模范法官"证书。

2015 年 3 月 3 日，中央宣传部追授邹碧华同志"时代楷模"称号。

2014 年 12 月 10 日，上海市高级人民法院党组成员、副院长邹碧华同志在工作中突发心脏病，经医院抢救无效，不幸因公殉职，年仅 47 岁。

2014 年 12 月 14 日，邹碧华同志遗体告别仪式在上海龙华殡仪馆一号大厅举行。

2015 年 1 月 6 日，中共中央总书记、国家主席、中央军委主席习近平对邹碧华同志先进事迹作出重要批示。

2015 年 1 月 24 日，最高人民法院与中共上海市委联合召开命名表彰大会，追授邹碧华同志"全国模范法官"、"上海市优秀共产党员"荣誉称号。

2015 年 3 月 2 日，邹碧华同志先进事迹报告会在人民大会堂举行。报告会前，中共中央政治局常委、中央书记处书记刘云山亲切会见报告团成员，代表习近平总书记，代表党中央，向邹碧华亲属表示慰问，并颁发中央组织部追授邹碧华同志的"全国优秀共产党员"证书。

2015 年 3 月 3 日，中央宣传部追授邹碧华同志"时代楷模"称号。

目　录

引　言

　　有人说法律是冰冷的，但他却以智慧和情怀赋予其温暖；有人说改革是艰难的，但他却以勇气和担心点亮信念的火种。他，就是"法治燃灯者"邹碧华。

　　邹碧华，生前是上海市高级人民法院副院长。2014 年 12 月 10 日，他在工作中突发心脏病，经抢救无效因公殉职，年仅 47 岁。邹碧华投身司法事业26 年，他践行党的宗旨，捍卫公平正义，坚持司法为民便民利民，依法公正审理了一大批重大疑难案件，是知名的审判业务专家，所著的《要件审判九步法》被全国各地法院作为民商事审判的范本；他敢于担当，具有强烈的改革创新意识，大力推进信息化建设，推行可视化管理，特别是在司法改革中，敢啃"硬骨头"，甘当"燃灯者"，为上海法院司法改革试点乃至全国司法体制改革作出了突出贡献。他不幸离世后，在全社会引起了强烈反响，形成了"邹碧华现象"，"法官当如邹碧华"成为社会各界的共鸣。

　　一位法官何以赢得如此身后赞誉？"邹碧华现象"并不是偶然的。在全面推进依法治国的今天，他

用 47 年充分燃烧的一生回应了人民群众对公正为民
的好法官的期待，树立了勇于担当的好干部的光辉
形象。

缅怀与自省，追忆与传承，"燃灯者"邹碧华身
上所蕴含的正能量犹如星星之火，正在越来越多人的
心中集聚起光和热，从而以更积极向上的精神面貌投
身到全面深化改革的事业中去。

今天，我们通过这本画传再次走近邹碧华，走近
"法治燃灯者"，让我们再一次去感受一位时代楷模的
精神世界和价值追求。这些图片，集中展现了邹碧华
公正为民、勇于担当、忠诚敬业、锐意进取、勇于创
新、崇法尚德、无私奉献的崇高品质。翻开这本画
传，相信有很多人会认真思考"人生的价值所在"。

第一章 —————————— **红土地孕育赤子之心**

幸福不在未来。如果你今天没有幸福，明天也不会有幸福；如果你当下没有幸福，未来也不会有幸福。幸福就在当下，就在此时此刻。

——邹碧华

山乡少年初成长

1967 年 1 月 18 日，邹碧华出生在江西省奉新县的一个小山村。

山村离县城约二十里路，前面是一片田地，后面是山。从公路上下来，穿过一片小树林，有一条乡间小道，还有一条小水沟。

夏天的时候，邹碧华喜欢跟着舅舅去小水沟捕鱼。把小水沟的两端堵住，用手把水舀出去，不一会儿，小鱼儿就在泥里扑腾起来。秋风吹起的时候，远处山上的松树发出低沉的"呼呼"声，蒲公英漫天飞舞，此时的邹碧华总会想，那些花絮会飞去哪儿呢？

邹家有三子，邹碧华排行老大。父亲给他取名碧华，意为"碧丽中华"。

邹碧华的父母很善良，父亲是著名版画家，一辈子痴迷美术，中国美术馆等国内外艺术机构收藏了他多幅作品，还曾获得"鲁迅版画奖"。

从小，邹碧华和外婆在乡下一起生活，父母在不远的县城工作。对于活泼调皮的邹碧华来说，小山村给了他无穷的原动力。

　　因为外婆是个哑巴，邹碧华也比其他孩子开口要晚，因此，他学会了读懂别人无言的表达，一段手语、一个表情或者一个细微动作，他立即明了。邹碧华年幼时，外婆常常背着他去别人家里帮忙做针线活儿。长大后的他常常怀念趴在外婆背上这一幕。

邹碧华跟随外祖母在江西省奉新县的小山村里度过了童年时光，尽管生活条件艰苦，却养成了他性格中的淳朴与善良。

小学，其实只是两间里外茅草的土屋而已：一至三年级是外间，四、五年级是里间。上下课时敲击挂在晒谷场上的一块铁，"叮叮当当"。

邹碧华的第一位老师姓肖，喜欢穿一件灯芯绒上衣，声音很好听。有一次，肖老师让学生们回家找大人要一角八分钱来购买红领巾，然后老师喊着名字，学生们一个个走到教室前，戴上红领巾。

后来邹碧华转学到县城，由于没学过拼音，当老师让他读拼音"S"时，他回答"是蚯蚓"。顿时，教室里哄堂大笑。

没有一个男孩是不喜欢玩儿的，邹碧华尤其如此。在县城奉新一中念初中时，只要有机会，他就偷偷和伙伴一起溜到狮子山上"打游击"，一把木枪、一根树枝，成为他们乐此不疲的理由。

一次考试后，邹碧华的成绩在全年级倒数。从来没有打过儿子的父亲发怒了，他痛打了邹碧华，并且罚他跪了许久。此后，邹碧华被调到另一个班级，从此脱胎换骨爱上读书。

"他每次单元考试有个习惯，从来不看分数。上课考完之后，他去教务室问老师再要一份空白卷子，

进入中学后的邹碧华学习努力，并且善于总结学习方法，成绩名列前茅。

然后回家做，做完之后把两张试卷比较一下，记住纠正的地方就行了。"弟弟邹俊华非常叹服大哥的学习能力。

爱上读书的邹碧华犹如上了"发条"，成绩一路上升。进入高中后，他体育也出奇地好，不仅在校运会上破了跳高校纪录，而且代表学校参加了宜春市的体育运动会，并获得名次。

1984 年，邹碧华以全县排名第二的成绩考入北京大学法律系经济法专业。母亲和弟弟送他到南昌火车站，邹碧华背着行李独自启程。火车渐行渐远，母亲的眼泪则一滴滴地流了出来。

与她共铸爱的雕塑

20世纪80年代，北大的学生们穿着千篇一律的工装和解放鞋，生活也远比现在简单，宿舍、教学楼、图书馆、食堂、运动场，串联起了生活的全部。

邹碧华喜欢北大，北大不仅给了他法律学识，也给了他藏有几百万册书籍的图书馆，可以让他自由自在地驰骋于文学、艺术、法学中，这让他流连忘返。

与此同时，生命中的一份珍贵礼物也悄然而至。邹碧华发现自己喜欢上了班级里成绩优秀的团支书，一位来自上海的女孩儿唐海琳。

怀着忐忑不安的心，邹碧华拿着两张电影票敲开了唐海琳宿舍的门。"同学那有两张票，但他们没时间去看，我想和你去，你敢去吗？"

被他这么一激，唐海琳干脆地答应了。

看完电影回学校的路上，邹碧华与唐海琳聊了很多。不一样的童年、不一样的经历，让来自山村的他

北上求学之路开启了邹碧华理想的大门。

与习惯了城市生活的她彼此好奇，也产生了好感。

此后，每逢周末，邹碧华与唐海琳经常相约去北京图书馆看书，一看就是一天。纯真、纯粹，两颗年轻的心越靠越近。

大学四年很快过去，毕业前夕，同学之间互相留言。邹碧华在唐海琳的毕业纪念册上写道："你的生命就是我爱的雕塑。"

　　为了尊重唐海琳父母希望女儿毕业后能回到身边的愿望，邹碧华果断地做出了一个决定——和女友一起回上海发展。

　　1988年2月，毕业前夕的一个寒假，21岁的邹碧华和唐海琳一起来到上海。他住进纺织大学的学生公寓，然后一家家单位敲门，投送了60多份简历。

4年的大学时光很快就过去了，同学们依依惜别，各赴天南海北。此时的邹碧华（后排左五）也做出决定，跟随女友唐海琳回上海发展。

乐观向上、不放弃希望，这是邹碧华一贯的作风。最后，一家上海知名企业和上海高院同时向他伸出了橄榄枝。考虑到专业对口，邹碧华选择了上海高院。唐海琳则去了建行上海市分行工作。

初到上海的邹碧华没有任何积蓄，他勤恳地在法院工作。与此同时，唐海琳也很用心地在银行打拼，两人为共同的未来努力着。

本科毕业后，邹碧华不断进取，使自己在法学专业领域的造诣日益精进。

1992 年 1 月，邹碧华与唐海琳办了一个简单的结婚仪式，在两三桌亲朋好友的祝福下，开始了婚姻生活。

为了让自己的专业基础更扎实一些，邹碧华有了要继续深造的想法。1993 年至 1999 年，邹碧华先后考取了北京大学国际经济法专业硕士研究生、北京大学经济法专业博士研究生，并获得了法学硕士学位、法学博士学位。

这期间，深爱丈夫的唐海琳付出了很多，默默地承担起了抚养儿子，照顾双方父母的重任。

博士毕业后回到上海，邹碧华像弥补亏欠似的照顾家里。他把江西老家的父母接到上海来住，在家里腾出一个独立的空间，给父亲做"版画工作室"。不管是父母生日，还是平时到外地出差，他都会记得买些小礼物送给父母。

而作为父亲的邹碧华，也在用心地寻找适合儿子的教育方式。工作再忙，他也会抽时间陪儿子看英语原版小说，纠正他的英语口语。他常以自己的经历和儿子进行着男子汉之间的交流。

时间在流逝，角色在转变。在外面，无论邹碧华

邹碧华与妻子带着他们爱情的结晶来到北京大学的未名湖畔，重温求学时的美好记忆。

在妻子唐海琳眼中，邹碧华始终保持着积极向上的人生态度。

2006 年 7 月，邹碧华（中排右五）在众多候选人中脱颖而出，获得上海市第十三届"十大杰出青年"荣誉称号。

是书记员、法官，还是庭长、院长，但在唐海琳的眼里，他一直就是那个阳光大男孩。

2006 年的一天，当邹碧华得知自己最终当选为"上海十大杰出青年"时，兴奋不已，一回到家就表情丰富地向家人"嘚瑟"起来。"平时只要遇到开心的事，他就像个孩子一样，回到家会摇头晃脑地告诉我们。"唐海琳回忆说。

2008 年，邹碧华走马上任上海长宁法院院长，四年后调任上海高院副院长。唐海琳发现丈夫的白头发渐渐多了起来。很多次深夜，她从梦中醒来，隔壁书房里的灯仍然亮着。

"可以睡觉啦！赶紧睡啊！"她轻轻地喊着。

"噢。好。"邹碧华应着，灯仍然开着。

"我每天给他做两件事：给他泡一壶红茶，给他掏一掏耳朵。他知道我眼睛不好，平时很心疼我，但掏耳朵这事儿一定要我做。他专门买了一个耳勺，每次要我掏，觉得很享受。"唐海琳默默爱着这个充满使命感的男人，30 年的相携相扶，早已让他们融为一体。

祝你一路顺风

2014 年 12 月 10 日早晨，海琳看着熟睡中的邹碧华催道："起床啦！"

那几天，唐海琳明显感到丈夫累了，因为他把晚上睡觉的时间提前到了 12 点。

"起床吗？"她催着。

"好，起来！"邹碧华最后下定决心应了一声。

7 时 30 分两人出门，唐海琳和邹碧华说笑："今天总算不让你说'我在等你啊'！"

原来，以往邹碧华虽然起床晚，但调皮的他总会在出门前一刻，突然加快动作吃饭、穿鞋，搞得唐海琳措手不及。12 月 10 日那天，唐海琳早早地穿好了鞋，这次她占了先。

当天下午，正在单位上班的唐海琳突然接到邹碧华司机李师傅的电话，说邹碧华情况不好，在瑞金医院抢救，让她赶快过去。

抱着一线希望的唐海琳浑身控制不住地颤抖，脑子一片空白。

当走进抢救室时，邹碧华闭着眼睛躺在病床上，脸色苍白，身上插着管子。

"你不要吓我啊，睁开眼睛看看我啊！"唐海琳一头扑倒在邹碧华胸前，扯动着丈夫。那一刻，她甚至感觉到了他的心跳。

17 时 20 分，邹碧华去世。

当唐海琳第二次走进抢救室时，已经有人给邹碧华换好了衣服。她默默地抱起爱人，紧紧贴着他的脸颊。

邹碧华的脸已经凉了，她用自己的体温焐着他，无穷无尽的泪水汹涌而出。

当所有人都退出房间后，只剩下唐海琳和儿子两人。邹碧华的脸已经被海琳焐热了，唐海琳停止了哭泣。

放心吧，我会照顾好儿子，照顾好爸爸妈妈，照

沉痛悼念邹碧华同志

追悼会当天，人们自发从全国各地汇集到殡仪馆，为这位"法治燃灯者"送最后一程。

顾好这个家——她在心里默默地对他承诺。

追悼会的前一晚，天南海北"飞来"上海的大学同学，单独向邹碧华告别。在他面前，同学们唱起了《祝你一路顺风》。这首歌是 2014 年 9 月的北大同学聚会时，邹碧华为纪念多年前去世的一位同班同学而唱的，如今同学们也用这首歌来为他送行。

12 月 14 日，邹碧华遗体告别仪式。盖棺前，唐海琳最后整理了一下邹碧华的衣服，摸着心爱的丈夫的脸，她在他身边放下了一本《要件审判九步法》。"这是他一生的自豪！"

第二章 ————————— **立志做中国最好的法官**

每次当事人站在审判台前时，他们期待的眼神给我们带来的只有两个字——"责任"。从我们选择做法官的那一天起，我们就注定要面对当事人的期待；面对着期待，我们就必须承担起这个职业所带给我们的沉重责任。而离开了专业的思维方式，所谓的责任只能是一种空谈。

——邹碧华

这位法院新人与众不同

1988 年 7 月，上海福州路 209 号，一位高高瘦瘦的小伙子向上海市高级人民法院经济庭报到，他就是刚从北京大学法律系经济法专业毕业的本科生——邹碧华。

踏上工作岗位后的邹碧华（后排中间）依然保持着学生时代谦虚好学的品质，他珍惜每一次学习的机会，不断提升自己的专业素养和工作能力。

"那时候，庭里所有的判决书、调解书、裁定书都在我这里备一份，因为我每年要写总结。"张佳文是当年上海高院经济庭的内勤，邹碧华到了庭里后，悄悄向他借法律文书看。

"好几年的文书呢！"张佳文说。

"没关系。"邹碧华笑了笑。张佳文把厚厚几沓法律文书给了他。

很快，张佳文发现，邹碧华边看文书边整段整段地抄写。"别抄了，我给你复印好了。"张佳文有些感动，他从没见过如此用心的大学生。邹碧华一听能复印，高兴得连连感谢张佳文。

高境梅是当年上海高院经济庭情况调研组组长，她也看出了这位新来的大学生与众不同。

一次，高境梅经过邹碧华所住的集体宿舍，走到宿舍门口时，她发现邹碧华正对着墙在"面壁"。这是干嘛呢？高境梅百思不得其解。

"他在背英文单词。"有人笑着告诉她。

还有一次，高境梅和同事们一起去国家法官学院培训物权法。半夜里，高境梅因家里有急事去敲同事胡曙光的宿舍门。门一开，同屋培训的邹碧华穿得整

整齐齐地出现在她面前，胡曙光已经睡下了，邹碧华
还开着台灯在写文章。

"你还没睡啊?"高境梅忍不住问。

"抓紧时间整理一些东西。"邹碧华回答。高境梅
一看手表，已经凌晨 1 点了。

勤奋、好学、天资聪颖，这是经济庭很多老同事
对邹碧华的印象。

高境梅至今记得邹碧华参与指导的凤舞公司诉鞍
福公司拖欠货款一案："那时候，私营经济城协助他
人虚假验资的现象比较普遍，这个案子里的被告委托
砖桥贸易城，通过验资注册一条龙服务而虚假设立了
公司。原告受到损失后，要求砖桥贸易城和被告一起
承担连带清偿责任。"

邹碧华很快从案件中发现了问题。他提出，砖桥
贸易城的不当行为使得鞍福公司得以成立，并从事了
与公司实际履行能力不相适应的交易活动，给原告凤
舞公司造成了不应有的损害后果，砖桥贸易城应承
担补充赔偿责任。这个意见得到了最高人民法院的
肯定。

接着，邹碧华又撰写了《关于我市私营经济城涉

讼问题的情况反映》，并提交给相关部门，这份情况反映立即得到了市领导的高度重视。不久，上海工商、公安等部门对"空壳公司"联合进行了整治。

"他挺能干的，敢于发表自己的意见，不管你资格是不是比他老，讨论案件的时候，只要他认为自己是对的，他就会和你争。后来他又去了北大读 6 年书，读出来的博士也不是那种'法呆子'。"高境梅嘴里说的"6 年"，是指邹碧华 1993 年至 1999 年前往北京大学攻读国际经济法硕士、经济法博士的 6 年。"不容易啊，做了 4 年书记员、8 年助审员，都是靠着自己的努力一步步做出来的。"

2000 年，邹碧华主审了花旗银行与华侨银行、上海兰生对外贸易有限公司一案。

当时中国已加入 WTO，对外贸易日趋增长，这起案件涉及国际托收统一规则的适用问题，而中国的法律、法规对托收法律关系在那时并没有专门规定，最高法院也没有相关司法解释或公布具有指导性的判例。

邹碧华仔细研究案情，最后综合运用民法理论、结合《托收统一规则》的相关规定作出了终审判决。"这

邹碧华善于在审判实践中抓住问题的关键，许多疑难案件在他手中迎刃而解。

个判决不仅纠正了学理界的一些滞后认识，同时也为这一类案件的正确审理和统一执法思路提供了借鉴。"该案审判长胡曙光很佩服邹碧华的专业素养。案件判决后，邹碧华撰写了《关于我国复代理制度的思考》，被最高法院主编的《公检法办案指南》采用。

善于思考、勤于总结，高境梅发现了邹碧华身上的这个特点。她安排邹碧华去做公司法的课题研究，邹碧华一口气从基层法院调了几十部案件卷宗，在办公室里一本接一本地看。"他喜欢这份工作，而且是全身心地投入在法律里。"高境梅叹服。

法官要有专业思维

"碧华对画画很有灵性，他是一把好手。"邹碧华的父亲是著名的版画家，很了解自己的大儿子。

但画画太占用时间了。进入上海高院后不久，邹碧华收起画笔，开始潜心研究法律。"我要做中国最

徜徉在书海中，邹碧华求知若渴。

海外交流学习的经历使邹碧华开拓了视野。

好的法官。"他说。

2000 年 9 月，邹碧华撰写的《关于中国裁判文书改革的专题研究》，作为福特基金会资助项目"两大法系裁判文书改革的比较研究"的主旨论文，入选上海法官协会主编的《法官论裁判文书改革》一书。

一个月后，根据组织安排，邹碧华前往美国联邦司法中心担任研究员，对美国联邦法院内部机构设置及法官助理制度进行专题研究，其间还短期前往耶鲁大学担任访问学者。

这段海外交流学习的经历对邹碧华很有启发，回国时他运回了几大箱的复印资料，并写下了长达 4 万字的考察报告。在这份报告中，邹碧华对美国联邦法院功能设置模式的历史发展，法院内部人员基本分类、职责及其配置方法，法官辅助人员配置的基本原则和方法作了详细分析。

2001 年 5 月，邹碧华调往上海高院研究室，先后担任调研二科科长、主任助理、副主任等职务，负责全市法院重点课题调研和《上海审判实践》的编辑工作。开放的信息，开阔的眼界，开拓的思路，让他一发不可收拾，他开始在《法学》、《人民司法》、《法律适用》等全国性专业刊物上大量发表学术论文。

2002 年，邹碧华撰写的论文《审判事务的分工与法官辅助人员之配置》成为最高法院与世界银行联合主办的"法官职业化问题国际研讨会"主旨论文，获得上海市依法治市征文评比一等奖。2003 年，他撰写的《归一性股权转让协议之效力》获全国法院系统学术讨论会论文评比三等奖，撰写的《关于中国诉讼调解制度改革的专题研究》获全国法院系统重点调研课题优秀成果奖。

"那个诉讼调解制度的课题得到了上海高院党组的肯定，后来经过两年实践，全市法院调解率有明显提高，课题中的许多观点也被最高法院《关于民事诉讼调解的若干规定》所采纳。"余冬爱当时在上海高院研究室工作，他很怀念与邹碧华一起共事的岁月。

邹碧华注重用数据说话，余冬爱就去设计问卷调查：
"有一次给律师做调查问卷，律师学院正好有个年度
培训班，我就在一个大雨天跑过去，发卷子给他们，
回来以后统计分析。"

与此同时，邹碧华还多次赴最高法院参与《公司
法》《合同法》《保险法》等方面司法解释的起草和
修改工作。

"我一直认为他是厚积薄发，他一直在积淀，虽
然平时谈笑风生，但工作起来毫不含糊。"余冬爱说。

2003年10月至2008年6月，邹碧华担任上海
高院民一庭副庭长、民二庭庭长。短短5年间，他指
导审结了一批在上海乃至全国有重大影响的民事案
件，包括全国首例涉及英国皇家建筑协会JCT文本
的建筑工程案，指导受理北方证券、中富证券、亚洲
证券等券商破产案件，化解了"丙肝群体诉讼案"、
"锦秋加州花园群体性纠纷案"、"天天花园群体性纠
纷案"、"乐客多"超市群体诉讼案等一批社会关注的
大案要案。尤其在上海社保基金追回专项工作中，邹
碧华指导相关法院审理了近二十起社保基金系列民事
案件，协助追回了38亿元社保基金。

法学素养的深厚积累使得邹碧华对专业领域的问题总有着独到的见解。

2004 年，邹碧华赴全国人大法工委参加《物权法（草案）》的修改讨论；2005 年、2007 年，他先后两次担任最高法院全国法院重点招标课题组副组长，主持提出的《股权转让协议效力问题司法解释的建议稿》、《关于公司法人格否认司法操作的若干意见（建议稿）》得到最高法院肯定，许多观点被相关司法解释吸收。他还通过召开证券风险防范新闻发布会的方式，不断扩大法律影响力。

一分耕耘一分收获。随着《合同解释论》、《关于建立中国法官助理制度的专题研究》、《证券民事赔偿司法解释的展开与评述》、《公司法疑难实务问题研究》、《中国证据制度与司法运用》等著作的不断面世，邹碧华的专业才华得到了业界的高度认可。

邹碧华乐于将自己的所学所思所想与法律界的同仁分享。

法庭上的独孤九剑

早在做上海高院民二庭庭长时，邹碧华就意识到，传统的法官办案方法都是靠"师傅带徒弟"的个人经验传承，法官之间的办案水平、办案能力差异很大。怎样让水平不一的法官们都能有一个可参照的办案思路呢？他开始在全市法院统一执法标准、统一审理思路上下功夫。

"公司法修改的时候，我们对全市商事法官进行培训，邹碧华、我、俞秋玮、宋向今，我们四个人分工讨论、集体备课，在法官培训中心最大的会议室里进行授课。"当时已经是上海高院民二庭副庭长的胡曙光记得，邹碧华叮嘱培训中心工作人员在授课现场安装了两个很大的投影仪，因为他要求所有讲课老师必须有 PPT 讲义。

"他的办公室里就有一个投影仪，庭里讨论案子都用 PPT，他坚持这样，否则就不讨论。后来我才明白，PPT 是一种可视化训练，它要求法官对自己的思维进行整合提炼，是一种思维逻辑训练。"余冬爱说。

　　同时，邹碧华组织庭里同志对审判工作中的难点、热点问题进行调研，执笔编写了《证据百问》、《庭审百问》、《法官释明权百问》、《商事办案思路操作指南》等规范性文件，这些文件成为了上海基层法院法官审判工作的实用工具。

　　2008 年 6 月，邹碧华来到上海长宁法院当院长。这一次，他发现了一个新问题——基层法院的法官对法律适用方法的把握水平参差不齐。

　　在针对一批民事"老案"做的专门调查中，邹碧华发现，除了送达困难、鉴定耗时等常规原因外，60%的案件是主观原因造成的，包括诉讼请求、法律条文、诉讼主张、证据材料不固定。

　　只有提高司法技能，才能最大限度地实现公平正义。邹碧华作出了他人生中极其重要的一个决定——他准备将多年审判实践中总结出来的法律适用方法编成一本讲义，让更多的法官来分享他的经验。

　　无巧不成书。2010 年，邹碧华前往北京中央党校学习，法律出版社大众分社社长韦钦平得知这一消息，想约邹碧华见个面。韦钦平与邹碧华相识于 2006 年 10 月清华大学的商法论坛上，此后双方共同合作过多部法律著作。

电话里，邹碧华谈起了这本着手准备的"讲义"，并征求韦钦平的意见。听着邹碧华充满自信与期待的介绍，有着十余年出版经验、一直对审判实务领域的图书选题有着浓厚兴趣的韦钦平毫不犹豫地回答："我给您支付版税。"

就这样，邹碧华开始了《要件审判九步法》的写作。这期间，为了研究日本学者的相关理论，他平日里在中央党校上课，周末坐地铁去读日语班，花了整整一年的时间学习日语。

书稿在邹碧华一次次许诺交稿时间又一次次推迟，又在韦钦平的一次次催促中完成了。"虽然书稿本身的内容是谈法律适用方法的，但字里行间无不透射出他对法院审判工作全局的一些深度思考和创新做法。也从一个侧面折射出，作者在不断实践、不断探索中迸发出的思想，就如喷涌的泉水一样源源不断。书稿的创新性、可操作性、实践价值与当代著名法学专家的裁判方法类图书相媲美。"韦钦平在她的"编辑手记"中写道。

2010 年 9 月 16 日，《要件审判九步法》在沈阳召开的民商事审判方法研讨会上首次亮相，一下子受到了来自全国各地法官们的好评。此后，该书销量在专业图书排行中遥遥领先，并很快成为一线法官的"教科书"，被媒体称为法庭上的"独孤九剑"。

中国政法大学教授赵旭东这样评价《要件审判九步法》："它化繁为简，将事实认定与法律适用的纷繁过程创造性地分解为九个环节，环环紧扣，层层递进，使裁判的形成过程不仅成为一门科学，更成为一种艺术。"

YAO JIAN SHEN PAN
JIU BU FA

要件审判
九步法

邹碧华 著

第一步　固定权利请求
第二步　确定权利抗辩请求
第三步　确定抗辩权基础规范
第四步　基础规范和抗辩分析
第五步　诉讼主张的检验
第六步　争点整理
第七步　要件事实证明
第八步　事实认定
第九步　要件归入八寸出裁判

《要件审判九步法》集结了邹碧华长期在审判实践和理论学习中积累的精华。

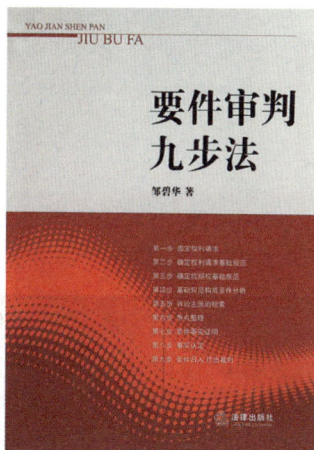

《要件审判九步法》中所传授的审判理念和法律适用方法正为越来越多的一线法官所受用。

而就在写这本书的前一年，邹碧华在长宁法院给法官们上课讲解九步法，很多法官有了"三个提高"：适用法律的准确率提高，办案效率提高，判决的说服力提高。2009年1月至9月，长宁法院民事法官人均结案数222.3件，同比上升36.3件；案件平均审理天数42.9天，比上海基层法院平均水平低了近12天。拖延12个月以上的未结案件减少三分之一，当事人的信访率下降。

近年来邹碧华撰写或指导编撰的各类法学著作。

第三章 ——————— **一位具有人文情怀的管理者**

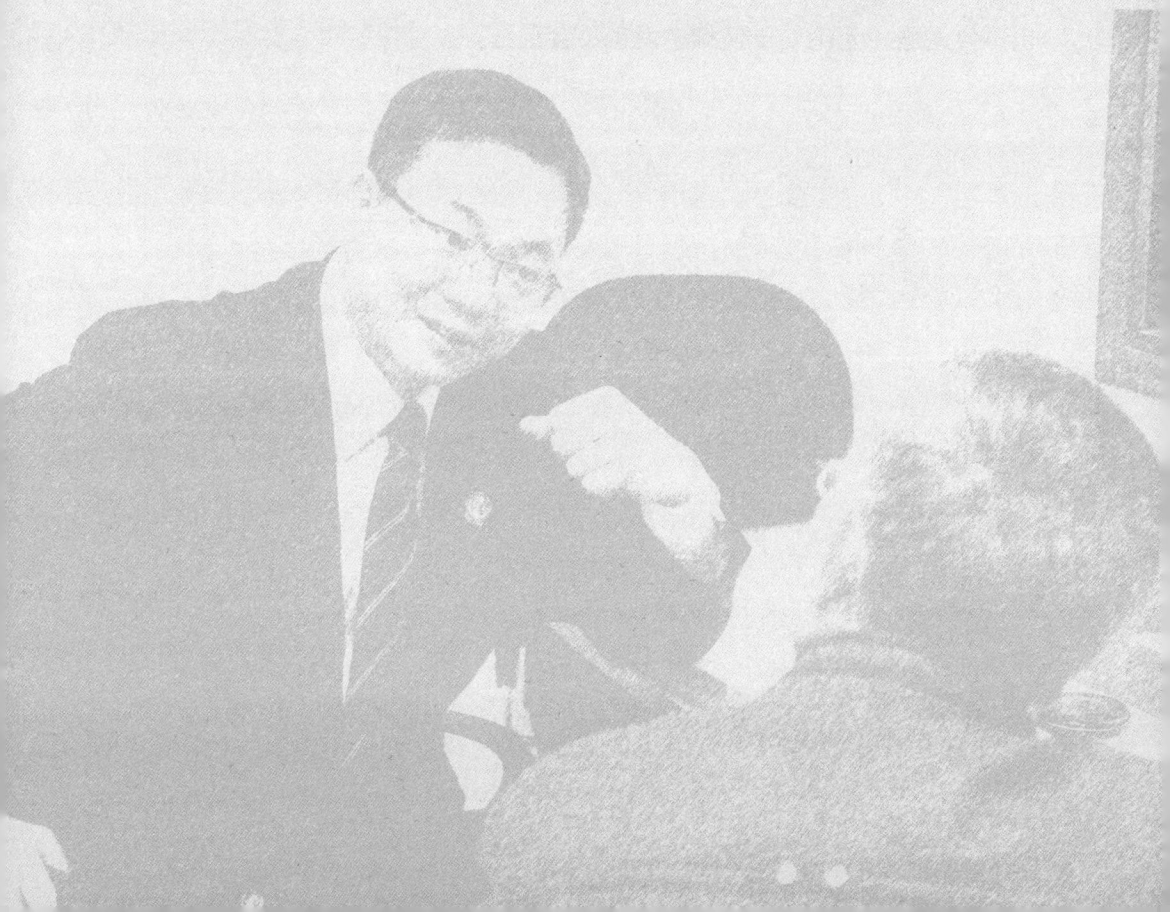

我越来越清晰地认识到，我必须对党的事业负责，党把领导一个法院的任务交给我，我就不再只是我自己了。我的角色要求我必须把推动我国法治事业的进步作为自己的使命。只有实实在在把这种使命感融入自己的内心，才有可能转化为一种强大的动力。因此，在这种状态下，无论承受多大的工作压力也不会感到累，无论遇到任何困难也不会屈服，无论处于何种逆境也不会退缩。

——邹碧华

上任的第一场"考试"

2008 年 6 月 25 日，对于 41 岁的邹碧华来说，这一天是难忘的，他走马上任上海市长宁区人民法院党组书记、代院长。

到基层法院做院长的消息，对邹碧华冲击很大。虽然此前在上海市高级人民法院做了五年庭长，但这些对于一个基层法院的院长来说，是远远不够的。做基层法院院长，不仅要具备极强的管理能力，还要有极强的领导能力。管理能力代表着质量和效率，领导能力则意味着凝聚力和战斗力，邹碧华遇到了前所未有的挑战。

为了尽快适应新岗位，上任前，邹碧华悄悄做起了准备工作。他走访了上海高院各部门和一些曾经在长宁法院工作的人，详细了解了长宁法院在全市各条线中的位置以及各条线对长宁法院的评价。

随后，邹碧华拜访了十多位法院老院长，向他们虚心请教如何做好院长，比如第一次党组会应当怎么开，党组在一些重大问题上发生分歧时应当如何处理。

"他到我家来，态度很认真，谈的都是他的工作和学习。"老院长顾念祖对邹碧华印象深刻。

老院长滕一龙则告诉邹碧华："你要增加管理经验，把事情做对是方向，把事情做好是标准，把事情做巧是方法。"

是呀，管理经验不够，邹碧华也深深感到。此时市委党校中青班开班，邹碧华被安排去学习，他赶紧抓住这段宝贵时间，一口气读完了 30 本管理学著作。德鲁克的《管理的使命、责任与实践》、《卓有成效的

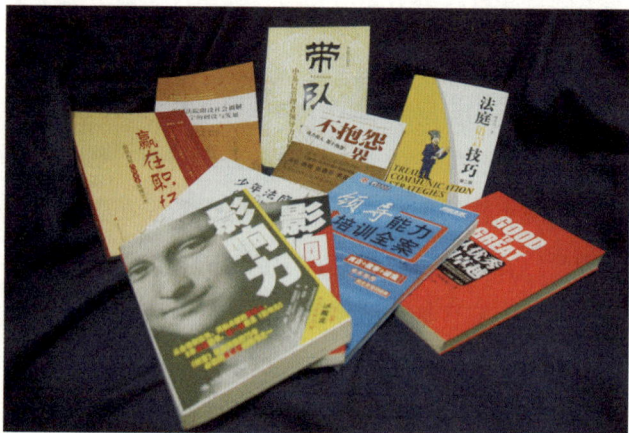

为了能尽快胜任领导岗位的需要，邹碧华阅读了大量管理类的书籍，以寻求自我能力的提升。

管理》，彼德圣吉的《第五项修炼》，吉姆柯林斯的《从优秀到卓越》、《基业长青》，以及远藤功的《现场力》、《可视力》，这些书让邹碧华大开眼界。

6月25日，真正的"考试"来了。

下午5时45分，宣布任命决定的仪式刚结束，高院、区委的领导才离开，副院长张天轮便向邹碧华汇报："有件紧急的事情需要开党组会讨论一下。"

此时已过下班时间，邹碧华连自己的办公室在哪儿还不知道。"好!"他点头应道。

会议讨论的是一个信访老户的化解方案，院党组成员发表了各自意见，然后就看着邹碧华发话。

"你们是在考我啊!"邹碧华笑了笑，"化解方案来之不易，大家都做了大量工作，应当继续推进落实，但要注意和信访人讲明白道理，我们的判决没有问题，现在是帮困。"

下班了，邹碧华快步走下长宁法院的台阶，第一场"考试"算是通过了。

接下来的两个月里，邹碧华在班子成员的陪同下，开始了一系列沟通行动，他对区各部门、各街道，市工商、房地、证券、金融等部门和机构进行了逐一拜访。但"考试"永远是不断的。

一天，近二十人来到长宁法院门口拉起横幅大声吵闹，当信访干部向邹碧华报告时，门口已经围聚了一大群人。邹碧华立即安排法院工作人员把闹访人员请进不同的法庭休息，然后分别进行谈话、调查起因。

事情解决后，邹碧华带领班子成员加紧学习有关群体性事件分析报告的材料，并在长宁法院制定了《应急事件处置流程》，要求全院干警学习执行。

总是这样被动可不行，邹碧华开始了自己的"主动"。

博士院长的"走动式管理"

任何一件事只要做了，就一定要做好。这是很多人对邹碧华的印象。

2008年7月起，长宁法院的法官们发现，新来的"博士院长"有"走动式管理"的习惯，他常常会突然出现在法庭里旁听法官庭审，或者在立案大厅观察法官的接待工作。

在长宁法院工作期间，邹碧华倡导"走动式管理"，无论是法庭还是接待窗口都时常能看见他的身影。

一次，民庭的顾鸣香开庭审理一起因漏水引发的相邻纠纷，作为被告的老陆在法庭上情绪失控，庭审无法正常进行下去。

邹碧华不声不响地坐在旁听席上，低头听着。顾鸣香有点紧张，她安抚了一下老陆，然后宣布休庭。

"被告为什么会有这么大的情绪？问题的关键可能并不在于案件本身。"邹碧华提醒顾鸣香。

四天后，顾鸣香前往老陆家中实地调查，在查明漏水事实的基础上，顾鸣香了解到老陆是个典型的自我中心主义者。于是她调整策略，在老陆家人的配合下劝导老陆，最后案件顺利调解了。

邹碧华闻讯后很高兴，他让顾鸣香把这个案子

43

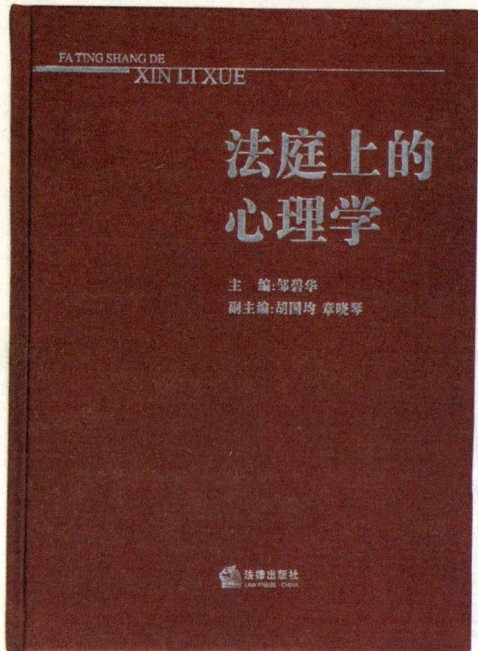

《法庭上的心理学》一书通过19个具有代表性的庭审案例，结合审判实务和心理学知识，对法官在办案中遇到的因案件引发的个人心理问题进行剖析。

写成心理学案例，收进了他主编的《法庭上的心理学》这本书。这让顾鸣香收获了从未有过的成就感。

"老师，我发现一个有意思的现象。"邹碧华在华东政法大学带教的学生有一次无意间说，"我实习的庭里有两个法官，结案少的那位法官总是比结案多的那位法官要忙，老是加班。"

邹碧华听在耳里，记在心里。他把长宁法院所有审判庭的庭审来回抽查了好几轮，最后发现，初任法官在走上审判岗位后，没有必要的指导和讲评，都在靠自己的悟性学习，水平参差不齐。他又调阅了100份判决书，彻底摸清全院法官的审判业务水平。让他高兴的是，他发现了不少有责任心的年轻法官。

要想真正把司法为民推向深入，法官专业能力的提高非常重要。邹碧华开始着手研究"要件审判九步法"和"裁判文书'八个一致'制作法"，并同步加大对法官的专业能力的训练。这些能力包括办案思路和证据规则的把握能力，群众思想工作沟通能力，语

44

言逻辑表达能力，廉政自我保护能力，时间管理能力，组织协调能力，情绪管理能力和自我学习与提升能力。

与此同时，立案大厅的法官们也见识了这位新院长的"厉害"。

一次，一个中年男子在立案大厅大吵大闹，用力拍着桌子喊："我要找你们邹碧华！"正巧邹碧华下楼到立案大厅。

"好，我们坐下来谈。"他不卑不亢地招呼那名男子。

"我要找邹碧华，又不是找你！"男子吵着。

"我就是邹碧华。"邹碧华看着男子，男子顿时不喊了。

多次观察和一线接待的经历让邹碧华发现，有些情绪事件是因为当事人来到法院后得不到妥善接待而引起的，最终矛盾加剧，与法院形成对抗。

这是不应该发生的低级错误。邹碧华让相关部门编写了《群众工作接待规范场景设计 65 例》，这 65 例包含了立案、审理、执行、信访等阶段的各种突发情况。大到群体人员聚集在立案大厅要求立案，小到

公正司法为民
群众工作接待规范
—— 场景设计65例

上海市长宁区人民法院创编

长宁法院的一位法官说："场景设计65例，就像一面面镜子，让我们每个人检讨着自己的一言一行，也让我们在接待群众时，多了几分自信和从容。"

残障当事人来院时的迎接，事无巨细，每个场景都列出了不妥当的做法、正确的做法以及规范理由。

同时，为了了解法官们的办案规范化程度，邹碧华又调阅了100件执行中止案件、500封群众来信。

在看完执行案件后，邹碧华着手

群众接待工作专题研修班
（第一期）

邹碧华善于运用心理学的知识指导法官开展群众工作。

改革执行流程机制，将以往的"一人一案"管理模式改为接待、查控、研判、强制四个环节，每个环节由专人专项负责。经过一段时间的努力，长宁法院的执行绩效开始排在全市法院前列，执行投诉率下降76%。

邹碧华将先进的管理理念注入到审判和执行的每一个环节，使得长宁法院的质效有了显著提高。

在看完500封群众来信后，邹碧华启动了信访投诉监控系统的开发，这个系统让所有的群众来信来访从纸质化变成网络化。每天，邹碧华在电脑里批示信件，然后分配到各分管副院长，再下达到具体的业务

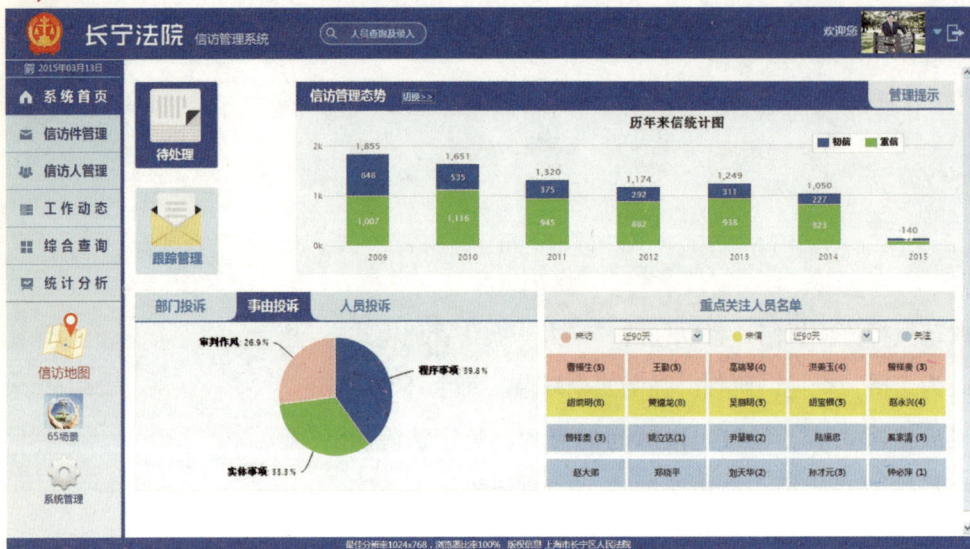

邹碧华带领团队自主研发信访投诉监控系统，使得信件流转全程可视化。长宁法院信访投诉率连续4年以超过30%的比例递减。

部门。这种信息的可视化避免了以往信访信件泥牛入海的情况。更为重要的是，系统还可以自动对投诉部门、法官、事由进行统计，自动排名，使投诉分布一目了然，有力地推进了作风管理和质量管理。

以"同理心"对待当事人

邹碧华曾经和同事说，当他第一次把当上法官的消息，告诉远在江西老家的母亲时，只有小学文化程度的母亲再三叮嘱他，一定要做一个有良心的法官。

"做一个有良心的法官。"母亲的这句话，成了他一生的追求，一辈子的坚守。

2013年5月的一天，已是上海市高院副院长的邹碧华接待了一位姓沃的当事人。

　　"不要急，你慢慢讲，一个一个讲。"邹碧华对神情有些紧张的老沃说道，并叫人给他倒上一杯水，老沃绷紧的神经稍稍放松了下来。

　　一切都源于 2008 年的一场大火。

　　老沃在家排行老四，有三个姐姐一个妹妹，沃父 13 年前因病去世，沃母则是一名环卫工人。20 世纪

以心交心，邹碧华总是以真诚的态度对待每一位案件当事人。

70 年代，大姐顶替母亲上岗工作，沃母便回家给子女们带孩子。等到孙辈们渐渐长大，辛苦大半辈子的老太太独自住回老宅。每天晚上，住在附近的老沃和三姐会轮流过来留宿陪母亲。

2008 年 9 月的一个晚上，三姐有事出门。没想到 5 分钟后，沃母居住的三层阁楼着火，一时间大火熊熊，过火面积达 70 平方米，受灾邻居 18 户。83 岁的老太太身陷火海，等到消防人员发现她时，阁楼地板已经烧毁塌落，老太太连着沙发一起掉落在二楼，不幸葬身火海。

"她平时生活很有规律，每天早上 5、6 点起床，晚上 7、8 点睡觉，谁知道竟然会这样惨死！"老沃悲恸欲绝。

邹碧华目不转睛地听着老沃的介绍，神情凝重："如果是我的母亲，我会比你们更难过的！"一句话，让老沃的眼眶顿时湿润。

"我恨三姐没有照顾好妈妈，但更恨物业公司没有尽到管理职责。"老沃说。

2009 年 3 月，沃家将物业公司告上法庭，要求物业公司赔偿损失。没想到物业公司坚持认为，火灾是由沃家没有安全、合理地使用电器所导致，不同意承担赔偿责任。相关部门向法院出具了火灾原因认定书，指出火灾系沃母家室内电器线路故障引起。沃家因证据不足，一审、二审、再审均败诉。

邹碧华很认真地边听边记录着。很显然，直到那时，老沃对火灾原因仍然耿耿于怀。

"好的，你放心，我们一定会想办法解决的。"结束时，邹碧华对老沃说。

老沃离开后，邹碧华立即嘱咐身旁的信访法官去联系街道、电力、消防、道路施工等部门，一起为老沃仔细分析起火原因。"这个案子的判决没有问题，但这样一位60岁的老人为了母亲的事到处奔波，我们一定要将心比心，想办法解开他的心结。"

为了找到解决问题的突破口，邹碧华主动提出去事发现场看一看。

2013年9月30日，国庆节前夕，上海的天气仍然炎热，邹碧华和信访法官等一起到沃母生前居住的阁楼走访。

已经发黑的楼梯只有七八十公分长，窄小的楼板每踩一步必须踮脚而行，一米八高的邹碧华躬着腰一级一级往上走去。

阁楼很矮，楼顶上挂着一只明晃晃的灯泡，一张简陋的床斜斜地靠着"老虎窗"（上海旧式阁楼窗）。邹碧华默默看着沃母生前居住的地方，用手比画了一下阁楼层高，老沃则站在一边向他介绍情况。

"可想而知，当时老太太在这种环境下的遭遇是多么大的不幸！"下楼后，邹碧华心情沉重地对信访法官说，"我们做法官的，除了会审案子，一定要善待信访人，善待他们等于善待自己，我们都是有父母的人。"

邹碧华一行来到街道办公室，开始和相关部门集中讨论沃家火灾的原因和后续安排。这时，老沃的姐妹们也赶到现场，看见有那么多部门一起认真分析火灾原因，还有单位愿意协助沃家进一步修缮阁楼，还有一位愿意弯腰爬阁楼的高院副院长，老沃梗在心里的一口气顺了。

让老沃和妻子更感动的是，由于他们寄给邹碧华的上访信都是女儿所写，临走时，邹碧华还特地对老沃女儿说："你的信写得很好，以后有什么事需要帮助，可以来找我啊！"

邹碧华始终致力于让人民群众在每一起司法案件中都能感受到公平、正义。

"这么可亲的院长，真是难得啊！"老沃忍不住感叹。

2014 年老沃家的问题彻底解决。清明时节，老沃在母亲坟前说了一句："妈妈，您安息吧，这件事已经处理好了。"

"我们要有一颗同理心，做法官也好，做调解员也好，一定要有这种情怀。"邹碧华常常在上课时对法官们说，"只有具备了同理心，你才能设身处地地替他考虑问题，替他去设想各种方案，动用你的全部智慧帮他解决问题。"

老沃只是邹碧华遇见的众多当事人中的一个，在很多同事眼里，邹碧华常常有惊人之举：为了宽慰一个与丈夫分离 15 年的上访妻子，他会带着信访干部亲自登门开导，从早上 9 点一直聊到下午 3 点；为了缓解一位老人对历史老案的内心纠结，他会耐心解释案件处理情况，并欣然与老人在家合影留念；为了让一名退休工人感受到尊重，他会拿出自己的名片送到老人手里。

5 年前，一位身患白血病的孩子小铭被亲生父母狠心抛弃，爷爷奶奶无钱给孩子看病，走投无路来到法院，要以小铭的名义起诉他的亲生父母索要抚养费。当时，还没有未成年人告亲生父母的案例，因此法院迟迟没有立案。时任长宁区人民法院院长的邹碧华得知后，带着立案庭和少年庭的法官们认真研究法律依据，决定立案，并判决执行给小铭一笔医疗费，使这个孩子坚强地生活下来。得知邹碧华去世的消息后，小铭的爷爷含着眼泪说，是邹院长改变了小铭的命运，温暖了他们全家。"我一定要来送邹院长最后一程，孩子的奶奶说，没什么好报答的，死后把遗体捐给医学院做研究。"

干警与法院共同成长

一个法院的灵魂，就是公正、廉洁、为民的司法核心价值观。

作为法院领导者，邹碧华非常清楚，要在全院干警心中树立一个正确的核心价值观，他自己必须成为一名"灵魂的工程师"。人的思想工作很难做，也许会被误解，也许会得罪人，但他坚持："对于一个团队或组织来说，价值观是建立共同愿景、形成凝聚力的关键。"

2009 年新年前夕，邹碧华收集了大量数据制成图表，和班子成员一起畅谈长宁法院的发展战略。随后他在对中层干部的专项培训中做了题为"树立以人为本的管理观，让干警与法院共同成长"的专题讲座，接着他在法院内网上开通"院长信箱"，在全院干警大会上正式提出"让干警与法院共成长"的想法。这些举措得到了很多人的热烈响应。

接着，邹碧华加大对法官、书记员、文员以及其他工作人员的关心力度。"关心有两种，低层次的关心是嘘寒问暖、工作中施以援手，高层次的关心是'关'在'心'上。"邹碧华说。

他压缩会议室等公共空间，给每个法官分隔出独立区，面积虽然狭小，就是要"创造条件，维护法官的职业尊荣"；立案大厅分隔出一个个独立的房间，保障当事人的隐私权，也让当事人感受尊重；甚至连食堂餐桌的设计他都强调要人性化，要保持一定宽度，以免陌生人面对面吃饭，心生尴尬。

一次，诉调对接中心为两名新来的工作人员安排办公室，负责人特意找了一间出入方便的房间，但没注意到房间的窗户是不能开的。邹碧华一进房间，立即转过身来问负责人："你考虑过人家坐在里面的感受吗？窗户不能打开，通风这么差，你愿意在这里办公吗？"

那位负责人傻了："我那时才知道，自己只考虑了形式上的舒适，而他追求的是对人深层次的关心、关爱。"

邹碧华还推出了一套系统的培养计划。他指示相关部门定期对青年法官群体进行职业生涯规划指导，建立沟通谈话机制，鼓励干警进行自我心理调节能

立案接待窗口的独立式设计充分体现了对当事人隐私权的尊重。

长宁法院的每一位法官都有一个独立的办公区域，面积虽小，却彰显了邹碧华以人为本的设计理念。

力培训和学历攻读。仅 2009 年一年，长宁法院就培养了近五十名具有国家二级心理咨询师资质的法官。2010 年，长宁法院选送一名法官攻读 MPA（公共管理硕士）。

2010 年，长宁法院组建了"小教员团队"，很多法官走上了法官论坛。执行法官谢寿山主讲心理学，少年法官钱晓峰主讲少年审判，民事法官张枫则主讲

邹碧华十分注重激发每一位干警的职业价值感，他曾说："我始终有一种使命感，只要我在长宁法院一天，我就要让干警与法院共同成长。"

邹碧华的"要件审判九步法"，他们都收获了"传道"的快乐。

"当一个组织把一个干警成长作为管理目标时，这个干警将会焕发出无限的活力。也只有当干警热爱工作，他才会是幸福的，否则他在工作中收获的只有痛苦。"邹碧华说。

普通干警的热情上来了，邹碧华开始狠抓中层干部的管理素质，他首先从日常小事抓起。

一次召开中层干部会议，有人迟到。邹碧华讲了一个例子："杰克·韦尔奇来中国演讲，有中国企业家问他成功管理的秘诀，他回答'以身作则'。结果许多人大失所望，有人说'这连3岁小孩都知道'，韦尔奇回答：'可是我们大多数人到80岁还不

在下属眼中，邹碧华是领导，是导师，更是朋友。

能做到'。"

讲完这个例子，邹碧华看了看参会干部："作为领导者和管理者，如果我们自己都不能有效控制自己，比如上班、开会迟到早退，不按规定着装，谈吐不雅，那他带队伍一定带不好。当然，我要求大家做到的事情，我自己一定首先会做到！"这次培训后，再也没人开会迟到了。

同时，邹碧华对中层干部进行定期培训，并成立法院管理委员会，完善案件检查制度，建立中层干部管理台账，明确质量效率指标分解分析制度。

"管理者的管理目标之一，是通过自己的管理让机构赢得更多的社会尊重"。这是邹碧华生前很欣赏的一句名言。

在长宁法院工作的 4 年时间里，他认真调研摸底，自学管理学、心理学和信息技术等知识，很快就从一名专家型法官转型为优秀的法院管理者，在信息

作为院长，邹碧华对于法院的各项管理制度总是率先垂范、以身作则。

2011年长宁法院党组中心组（扩大）学习会

陈建明　　赵敏　　邹碧华　　冯浩　　宏秀范

有同事曾评价说："邹碧华创立的'可视化'管理机制不是简单的创新，更像是种革命，彻底改变了法院传统的管理模式。"

化、"可视化"管理等方面的大胆创新，有效提升了法院工作水平，得到了全国法院同行的一致好评。

2012 年，邹碧华率队走访浦东软件园、张江高科技园区云计算服务中心等单位，最后决定采用云桌面与服务器虚拟化技术来实现法院内部办公计算机数据统一管理和调度。

2012 年 11 月，邹碧华被任命为上海高院副院长。

就像看着一个从小长到大的孩子，邹碧华坐在长宁法院不再属于他的院长办公室里，依依不舍。

邹碧华离开长宁时，长宁法院已获得"全国法院指导人民调解工作先进集体"、"全国法院清理执行积案先进集体"等荣誉；他日日夜夜参与设计、推进施工的新审判大楼即将完工；369 个云计算账号、21 台虚拟化服务器已开设使用，长宁法院进入崭新的"云计算时代"。

第四章 —— 倾力构建法官与律师"职业共同体"

法官与律师的相互尊重是良性互动关系的一个起点，律师对法官的尊重程度代表着法治的发达程度，法官对律师的尊重程度，则代表着社会的公正程度。

——邹碧华

法官尊重律师十条意见

"司法公正是整个法律共同体的共同任务，单靠法官是难以完成司法公正与高效的重任的，法官应当视律师为职业助手。"邹碧华曾经在自己的博客里这样写道。

2000 年，邹碧华在美国联邦司法中心担任研究员期间，一次庭审经历让他印象深刻。

那天，他跟随一位地区法院法官去开庭。开庭前，法官询问双方当事人的律师："我有一位中国的法官朋友到美国来观察我们的庭审，我邀请他坐在我边上，你们有没有意见？"

两位律师毕恭毕敬地站起来回答："没有意见，法官大人。"

庭审进行到一半，律师之间的火药味儿开始变浓。法官用手一招，将律师叫到审判台前，小声提醒律师："你们注意点形象好不好？"

庭审结束后，那位法官告诉邹碧华："法官不能在当事人的面前指责律师，律师在法庭上是法官的助

上海市长宁区人民法院

长法发〔2010〕4号

关于印发《长宁区人民法院
法官尊重律师的十条意见》的通知

各部门：

为了更好地促进法官和律师在执业活动中的良性互动，共同为实现公平正义而努力，《长宁区人民法院法官尊重律师的十条意见》已经2010年1月18日院党组会议讨论通过，现印发给你们，望遵照执行。执行中，如有问题请及时反馈给本院纪检组、监察室。

特此通知。

长宁区人民法院法官尊重律师的十条意见

为进一步强化法官尊重律师的意识，更好地促进法官和律师在执业活动中的良性互动，特制定本意见。

一、法官在审判活动中应当遵循尊重、理解、友善的原则，合法、合理、合情地处理好与律师的关系，共同努力发现案件事实真相，妥善化解社会矛盾，最大限度地实现公正，促进社会和谐。

二、法官在案件审理中应当认真听取律师意见，对律师的意见采纳或不采纳，应以适当方式表明态度并说明理由；对于律师主动、自愿地参与综合治理工作的，应予支持、鼓励。

三、法官在庭审中应当认真听取律师意见，避免随意打断律师发言。如确有必要，法官可以使用平和语气提示律师发言简明扼要，避免不当言辞，或者主动归纳要点，再询问是否有补充。法官还可视情体庭与双方律师进行交流，提醒律师注意言行，或请双方律师到审判台前进行适当的提醒。

四、法官在庭审中不得使用训斥、嘲讽等不尊重律师的语气和语言；也不宜当着当事人的面指责、批评律师，更不得向当事人发表贬损律师的言论。

五、法官在庭审中如不同意律师的观点，一般不宜当庭与律师争辩，必要时可以引导双方当事人或律师进行辩论。

六、在有律师参与的案件中，对于律师提出的调整庭期安排的申请，法官在审查核实有关情况后，对具有庭期冲突等正当理由的，应本着公平、合理的原则，尽可能作出相应调整。

七、法院应为律师参与审判活动提供方便，按照相关法律规定，在条件允许的情况下，为律师参与审判活动提供停车、休息、阅卷、复印等方面的便利。

八、法院应畅通与律师的沟通渠道，规范法官和律师相互关系，为律师与法官的正常沟通交流创造条件，包括提供联系信箱和电子邮箱等。

九、法院应当注意保护律师在法院期间的人身安全。在案件出现矛盾激化或可能激化情况时，法官应当采取必要措施，包括通知公安机关等，保护律师安全离院。

十、法院应当定期听取律师对法院工作的意见，对于律师反映法官在廉政、审判作风方面问题的，应当认真核查并注意对反映问题的律师身份信息依法予以保密；同时，应当定期向律师协会通报律师在代理活动中的总体情况、好的做法和存在的不足。

一个基层法院，能在全国法院系统率先为保障律师权利出台正式文件，在当时的律师界乃至法律界都引起了震动。

手，依靠他们的努力，法官能够更快地弄清案件中的事实问题和法律问题，从某种意义上说，律师是法官延伸的眼睛和手足。"

邹碧华被震撼了，回想在国内看见法官随意打断律师发言、法官对律师提出的要求或请求不置可否的情形，他第一次感受到了"法官与律师之间互相不尊重，会破坏法治的根基——信任"这句话的意义。2010 年，就在《要件审判九步法》问世的同一年，邹碧华所在的长宁法院推出了一个令很多法律人刮目相看的"动作"——推行《法官尊重律师十条意见》。

这十条意见包括，庭审中法官不得随意打断律师发言；法官不应当着当事人的面指责、批评律师，更不得向当事人发表贬损律师的言论，甚至连为律师预留车位、提供休息区、提供复印设施等细节，都收入其中。

时任上海律师协会会长的刘正东记得，当时律师界看到了《法官尊重律师十条意见》后，纷纷给予了积极回应：上海律师学院在新执业律师授课的课程中，列入了"做好庭前准备工作，在法庭发言时注意控制情绪，给予法官充分尊重，避免冲突"等内容；

长宁区律师工作委员会则向全区律师发出了律师尊重法官的倡议书。

"庭前独角兽"传递法治信仰

2012 年 8 月 13 日，邹碧华在他的"庭前独角兽"的博客中写下一篇题为《法官应当如何对待律师》的

邹碧华在这篇博文中写道，如果不能正确处理好法官与律师的关系，日积月累，必将动摇法治的根基——信任，司法的公信力将无从谈起。

庭前独角兽的博客
http://blog.sina.com.cn/u/2737156420 [订阅] [手机订阅]

首页 | 博文目录 | 图片 | 关于我

个人资料

庭前独角兽

微博

| 加好友 | 发纸条 |
| 写留言 | 加关注 |

博客等级：15
博客积分：168
博客访问：70,818
关注人气：160
获赠金笔：6

正文   字体大小: 大 中 小

法官应当如何对待律师？ (2012-08-13 22:17:23)   转载 ▼

标签：杂谈

法官应当如何对待律师？
——对《上海市长宁区人民法院法官尊重律师的十条意见》的几点感想
邹碧华
2012年8月13日

最近，发现在微博上关注的律师朋友与法官们相互之间颇有微词，如@友明律师的微博，"【法庭奇遇三】法庭辩论阶段，我先说了本案的基本观点，然后准备展开。刚刚引用一个法条，法庭说法条不用引了；于是我只好进行法理论述，法庭再次打断说，这不是课堂，不用讲法理，可以直接讲辩护观点。我说我的观点一开始就说了，一句话的结论。"类似的微博不在少数。读了这些微博后，发现有三个特点：一是意见性或评价性内容多于客观性内容；二是负面评价多于正面评价，内容或者为律师指责法官如何，或为法官指责律师如何；三是受控性倾诉内容居多。虽然微博中有些事实无法核实，但从社会统计学的角度，当一群体表现出一些共同的倾向性，这种倾向本身也是一种客观事实。律师们的倾向性观点，自然也是法官群体在律师群体中的主观反映。这在一定程度上也揭示出，无论是法官对律师还是律师对法官，彼此在理解、沟通或尊重方面出现了一些问题。

2010年，我所在的上海市长宁区人民法院曾经发布过《长宁区人民法院法官尊重律师的十条意见》以后，两年多的时间，我院法官对待律师的态度虽然已经有较大的改观，但法官不尊重律师的投诉仍然偶有耳闻。法官应当如何对待律师？

时隔多年，每当回忆起那一次与
邹碧华（右二）一同做节目的情景，
谭芳依然心怀敬佩和感动。

文章，反思法官的角色意识，阐述了法律职业共同体建设对中国法治的重要性。

此文一出，再次在法律界引起热议。同年 8 月 23 日，上海人民广播电台《法眼看天下》节目邀请邹碧华就"法官与律师的关系"这一话题前去演播室做一期节目。

"那是我第一次见到邹院长，整个直播过程中，他侃侃而谈，案例和数据信手拈来，让我感到惊讶的是他手上没有拿任何文稿。做完节目我体会到，构建法律共同体对于他来说，并不是流于形式的口号，而是深入骨髓的思想、付诸行动的实践。"与邹碧华共同受邀做该期节目的谭芳律师回忆说。

通过这期节目，谭芳惊喜地得知，平时经常与她在微博上互动的"庭前独角兽"，原来正是邹碧华。

"庭前独角兽"是邹碧华给自己取的网名。独角兽，在中国古代传说中是公平、正义的化身。颇具意味的名字，是邹碧华为自己树立的标杆，也浓缩了他对法官职业精神的理解。

作为工作的一部分，谭芳律师习惯于通过微博发布所参与的一些行业活动信息。偶然间她发现，"庭前独角兽"常常会在她发的微博下进行评论，或鼓励指引，或批评建议，既中肯又专业。这让谭芳觉得获益良多，于是成了"庭前独角兽"的粉丝。

"庭前独角兽"曾在微博里说："当诉讼双方在法庭上越是富有探索精神，交锋越是激烈的时候，真理就越有可能被发现，所以认真听取双方阐述就应该成为法官的品格。"

不仅是谭芳，许多法律人都在微博上得到过邹碧华的鼓励或引导，有些人甚至直到他去世才知道"庭前独角兽"的真实身份。大家在哀悼他的同时，也由衷地感谢这位"庭前独角兽"对法治理念的积极追求以及所传递的正能量。

2013 年 3 月 2 日，上海律协就新民诉法举行实务培训班，邹碧华受邀主讲"要件审判九步法"。翔实的案例，严谨的说理，换位的思考，不仅体现了邹碧华深厚的学养，更让人感受到他对法律共同体的期待。原定 2 个小时的培训持续了 4 个小时，结束时大家仍意犹未尽，把邹碧华团团围住，不愿散去。一位老律师在发给主办方的短信中写道："我是一名执业 18 年的律师，由于失望，几年前不再做我喜欢的诉讼业务。但邹院长让我看到了法治的希望，今天是一个全新的开始，让我终生难忘。"

律师服务平台显雏形

2014 年 11 月 23 日，全国律协民事委员会和知识产权委员会双年会在上海召开，邹碧华受邀出席并做演讲。这也是他生命中的最后一次演讲。

"法官是让社会产生信任的职业，律师与法官应形成相互独立、相互配合、相互尊重、相互学习的良性互动关系。"邹碧华的演讲围绕着"司法改革背景下，如何构建法律共同体"展开。在阐述法官与律师的关

邹碧华倾力构建法官与律师"职业共同体"建设，人生中的最后一次演讲获得满堂喝彩。

系时，他提出，法官与律师的相互尊重是良性互动关系的一个起点，律师对法官的尊重程度代表着法治的发达程度，而法官对律师的尊重程度，则代表着社会的公正程度。话音落下，现场爆发出雷鸣般的掌声。

在当天的演讲中，邹碧华通过 PPT 演示了即将上线的上海法院"律师服务平台"。

大数据时代，他就像是一位"法院系统的产品经理"，用一连串的数字介绍着平台中每一项功能的意义。在前期调研中，邹碧华曾派工作人员在全上海范围内调取了 20 万件有律师参与的案件，经过仔细核

上海法院"律师服务平台"提供了从案件材料递交、缴纳诉讼费到获取案号的"一条龙"服务，实现了真正意义上的网上立案。

算，他们发现，若每个案件中，律师通过网上阅卷减少往来法院的次数，就能节省 60 万个小时工作时间、10 万次车辆往返。为帮助律师识别恶意诉讼情况，服务平台专门设置了"关联案件自动推送功能"，将同一当事人在上海法院系统涉及的案件制作一份清单

许多律师的手机里至今还保留着这条截屏，这是邹碧华对 2014 年 12 月 9 日试运行的上海法院"律师服务平台"写下的寄语，也是他生前发出的最后一条微信朋友圈留言。

邹碧华院长 分享了一个链接
希望让律师的执业环境越来越好。

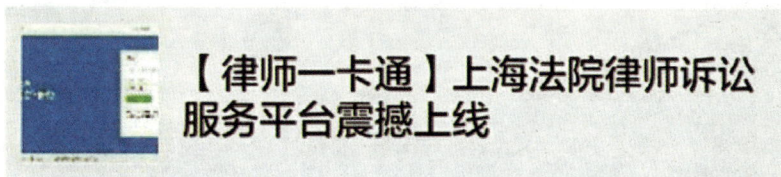

【律师一卡通】上海法院律师诉讼服务平台震撼上线

12月9日 11:45

73

推送给律师。还有庭审排期避让功能，免去了同一律师同一时间几个案件在不同法院开庭的困扰。此外，申请诉讼保全、调查令，甚至证据质证、调解等事务也都可以通过平台来完成。为确保各项程序在可视化下进行，平台还专门设置了网上评价功能，法官与律师可以进行双向评价，以实现相互监督。

担任上海高院副院长后，邹碧华主持制定了上海法院信息化建设三年规划，综合运用互联网、"大数据"、"云计算"等信息技术，引领、支撑、服务、保障上海法院各项工作，推动上海法院信息化建设的步伐。律师服务平台建设是其中之一。

"这个服务平台让律师感到了执业的幸福感，而这种幸福感，也会通过我们，传递给每一位案件当事人。这个平台，看似提高了律师的工作效率，其实是保障了律师的执业权利，从而最终维护了当事人的诉讼权利。"中华全国律师协会副会长吕红兵感叹。

如今，上海 1325 家律师事务所的近 17000 名律师，都已成为了这个服务平台的受益者。

第五章 —————— 勇做改革征途中的探路先锋

在党的航船上，我们要做"水手"，而不是"乘客"。作为一个共产党人，除了党的利益、人民的利益，没有个人利益。

——邹碧华

义不容辞挑起重担

2013 年 11 月，党的十八届三中全会对司法体制改革作出了重大决策部署，上海法院被中央确定为先行试点单位，开始进入司法体制改革的倒计时。

谁都知道，这次司法改革是中央第一次自上而下通过顶层设计来推动，是所有法律人实现法治梦想的难得机遇。上海高院成立了司法改革领导小组并下设办公室，那么，谁来做办公室主任呢？

上海高院院长崔亚东想到了邹碧华。

邹碧华已经在上海法院工作了 25 年，从书记员到法官，从高院研究室主任、庭长、基层法院院长到高院副院长，他不仅具备长期的司法实践经验和扎实的法律功底，而且在美国专题研究过法院内部机构设置和法官助理制度，对改革有着自己的思考和想法，他应该是最合适的人选。

但崔亚东也想到，这次改革与以往不同。上海是全国司法改革的试点，在此之前完全没有其他经验可循，而且每一项改革都涉及司法领域深层次的问题，

司法体制改革大幕拉开，邹碧华
毅然挑起重担。

是一次前所未有的挑战。邹碧华会愿意吗？

"我愿意！组织上信任我，我一定会尽全力把它
做好。"邹碧华毫不犹豫地答应了，他的干脆让崔亚
东感到了信心。

不久，上海高院增设司法改革专项试点工作办
公室，与高院司法改革领导小组办公室合署办公，
邹碧华任司改办主任兼试点办公室主任。从此，邹
碧华全身心地开始投入这场具有历史意义的司法改
革中。

"他每天都很晚回家，9、10点钟是常有的事。

有一次我一直等到凌晨3点，他才从办公室里出来。"邹碧华的司机李小马比他年纪大一轮，两人都属马，感情非常深。看着邹碧华天天忙进忙出，有时候连晚饭都来不及吃，李小马便在车上给他常备了一些硬糖和芝麻饼，邹碧华也很爱吃，"他实在太辛苦了！"

　　同样深有体会的还有司改办的陆伟。自从进入司改办后，陆伟和同事们就没有了休假，他就像电影《兵临城下》中的瓦西里，刚下了火车就有人塞给

对司法事业的无限热忱，使得邹碧华在工作中始终满怀激情。

他一把枪，然后冲进斯大林格勒保卫战役："这日子
真不是人过的，整个司改办都在加班，5+2、白＋黑，
我们这层楼面一直灯火通明。"

2014年7月31日，上海全市法院司改动员大会
结束，陆伟第一次准时下班。那天下午五点半，陆伟
在微信里写："庆祝本月第一次准点下班回家。"

提出"案件权重系数"理论

2014年6月6日，中央全面深化改革领导小组
第三次会议审议通过了《中央关于司法体制改革试点
若干问题的框架意见》和《上海市司法改革试点工作
方案》，7月31日上海市委司法改革试点推进小组第
二次会议审议通过了《上海法院司法改革试点工作实
施方案》。

"这个方案是我们召开了15次专题调研座谈会、
历经34稿才最终形成的。"上海高院研究室副主任兼
司改办副主任张新说。

方案有了，但推进的过程还是困难重重。

审判权力运行机制改革是这次司法体制改革的核

心，目标是为了去行政化、落实司法责任制、"让审理者裁判，由裁判者负责"。

"邹院长让我们对全市法院审判权力运行情况做一个问卷调查，了解和掌握在审判权力运行中的行政化因素，有针对性地采取改革措施。"张新说。

"他很注意科学分析，简直就是一个数据分析大师。"当时兼任司改办副主任的顾全很了解邹碧华的工作风格。

既要保证法官依法独立公正审判，又要同时防止法官滥用自由裁量权，邹碧华想了想，然后和团队说："我们可以进行权力运行可视化，把立案、接待、调查、保全、庭审等关键环节用信息化方式可视出来，'把权力关进笼子里'。"

邹碧华开始带领团队不断地搜集分析各类数据，法官人力资源投入占比、各国（地区）法官人均结案数、各国法官辅助人员比。其中，仅针对一个"错案责任追究"的数据，他就划分了错案责任认定部门的分布、法官对所在部门错案认定的态度、是否应当设置法官申诉程序等多个板块，每个板块都进行了精密统计，然后计算出各自的百分比。

邹碧华善于运用大数据分析化解工作中遇到的难题，他独创的"案件权重系数"考评方法，能合理测算、科学评价法官办案业绩。

"他对数字很敏感。"上海高院信息管理处处长曹红星说。为了研究大数据的一个专题，邹碧华曾经一口气读完了近 50 本书。

其实早在邹碧华做长宁法院院长时，他的"大数据"理念已经形成，其中最出名的就是他独创的"案件权重系数"。

　　"案件权重系数"的产生源于一次调查。一次，为查明长宁法院研究生的工作状态，邹碧华让相关部门做调研分析，结果发现，法院的质量效率评估指标体系无法恰当地反映研究生们的真实工作状况。比如，对法官审结的不同类型案件采取同一种统计标准，这直接造成办一个简单案件和办一个极其复杂的案件在统计结果上是完全相同的。

　　邹碧华并不赞成这样的评估体系，他引入了"权重"概念。早年赴美的经历让他接触到了美国联邦法院的"caseweight"（权重），即美国法院为了确定人员配置数量，会去统计各种不同类型案件所需要消耗的工作量，从而换算出每种类型案件所需占用的劳动力。邹碧华在长宁法院引入了"案件权重系数"，到了高院后，邹碧华在更大范围内开始测算这个系数。

　　"他用了一个多小时演示给我看权重系数的模型，这个需要大量实证数据来支持，要非常多的样本，而且每个细节都要考虑周密。比如说一个案子立案了，送达需要花多少时间，需要开多少次庭，开一次庭平均需要花多长时间，笔录字数是多少。"

顾全说。

邹碧华精心设计了一套权重系数的换算公式，就像一个金融专家运用汇率分析外汇市场一样，他通过权重系数精确计算出了每位法官、每家法院的实际工作量和忙闲情况。

"他就是硬碰硬，这件事不是所有人都有魄力去做的，有人怀疑它的客观性，还有人被触碰到了奶酪，但他坚持做。在没有其他可以科学参考的数据前提下，至少这个权重系数相对准确客观。"一位司改办的同事说。

坚持总会有效果。随着审判权力运行机制改革在上海二中院、闵行、宝山、徐汇等四家司改试点法院内的顺利推开，行政化问题渐渐得到解决，"让审理者裁判、由裁判者负责"开始得到落实。以上海二中院为例，根据统计，2014 年 4 月至 12 月该院审结 8959 起案件，其中由合议庭评议裁判的占 99.9%，提交审委会讨论的仅占 0.1%。

殚精竭虑啃"硬骨头"

审判权力运行机制改革取得了阶段性胜利，但人员分类管理改革则是司改面临的又一场"攻坚战"，而且这块骨头比前一块更硬。

根据上海的司法改革方案，目前法院里的人员将分成法官、审判辅助人员、司法行政人员三类，各占总人数的33%、52%、15%。在外人眼中，33%的法官员额就意味着一些原来有法官身份、但不符合一线办案要求的法官无法进入员额，这就引起了法官们的极大关注。

综合部门与审判部门收入待遇会有什么区别？审判员与助理审判员谁进员额？一个又一个的问题出现在了司改办面前，就连司改办内部也出现了分歧。有人说，论资排辈、一刀切是最没有风险的。有人说，改革追求的是法官专业化、职业化，要搞结构优化。还有人说，索性通过竞争上岗推倒重来。

一刀切、结构优化、推倒重来，究竟怎么做才更合理？

为了落实人员分类管理制度，邹碧华坚持一定要择优遴选法官，一定要把优秀的人才遴选到法官队伍中来，绝不搞论资排辈、绝不搞一刀切、绝不网开一面。

邹碧华让司改办设计调查问卷，对全市法官进行岗位意向调查，包括了解法官们的入额意向、"一方退出"情形、过渡期内退休等人员状况。

紧接着，他又布置不同层面不同群体的分类访谈，对队伍的诉求进行分析。15场座谈会，再加以个别访谈、网络舆情收集，司改办竭尽所能地在摸底了解全市法院队伍的思想动态，以便推进后期的司改推进。

一个周末，邹碧华让司改团队对某试点法院200多名法官的工作量做测算。由于这个测算结果只能看见案件数量和效率，无法对案件难易度下评判，于是他让顾全去联系技术处，让技术处把所有法官的同期电子案卷材料调出来，他要在双休日梳理一遍。

"他怎么可能有这个精力啊，光硬盘拷贝就需要4小时。"技术处的工作人员吃惊地说。

"他肯定会看的。"顾全回答。

顾全没有说错。邹碧华利用这个周末，对一家试点法院的200名法官5年内所有的办案卷宗进行抽查比对，每个法官至少被抽查了1—2起案件。

"他一直是那种信念很强的人，我们能感受到他身上一个理性主义者情怀的光芒。"顾全说，"每次开会第一件事，他就让我把测算的数据说一遍，然后和我们说，这个数据可以推导出哪些规律，我们可以怎样考虑。"

"一定要为法院的未来留出希望，留出空间。"邹碧华反复强调。

　　这样的坚持是有原因的。由于工作负荷高、职业风险大、收入水平低、生活压力大、晋升难度大，这些年来，上海法院的法官人才不断流失，法官队伍结构断层，法官职业尊荣感下降。邹碧华对此心急如

邹碧华始终以一种"无我"的精神，追寻着他的法治梦想。

焚，他让司改办团队对全市法官分布情况、人力资源实际投入占比情况，以及各国的法官人均结案数、法官辅助人员配比情况进行调研，为了争取法官薪酬待遇，他对美、英、法等 9 个国家或地区的法官工资也进行了研究。

"我们在各个层面召开了很多次座谈，外部有些观点对于法官要增加薪酬待遇或者是强化职业保障缺乏共识和理解。有人说，法官比环卫工人辛苦吗？法官会牺牲流血吗？这些都反映出他们对法院、法官职业特点的不了解。"顾全有些无奈。

面对困难，邹碧华却依然保持着乐观、积极的态度。他带领司改办在全市召开了 30 多场座谈会；梳理了 5 大类 100 多个关键问题。一次召开司法改革培训会议，他一个晚上赶出了 200 多页的 PPT，将分析结果向与会者进行讲解，希望以此说服更多的人来支持和理解司法改革方案。

"将来我判断自己人生成功的标志，是看我帮助过多少人走向幸福。"邹碧华在给一位朋友的微信里这样写。

"燃灯者"光亮永存

2014 年 12 月 9 日，上海高院政治部主任郭伟清在电梯里碰见邹碧华，邹碧华对他说："伟清，我最近感到特别累！"

郭伟清与邹碧华是同龄人，两人都属马。两人的工作经历也很相似，几乎同时从上海高院到基层法院担任院长，邹碧华在长宁法院，郭伟清在徐汇法院，之后两人又先后回到高院任职，邹碧华兼任司改办主任，主抓审判权力运行机制，郭伟清兼任法官遴选办公室主任，主抓人员分类管理制度。

"碧华是个从不说累的人。我当时听他这么说，有些担心，劝他赶紧休息几天。他却笑笑说，第二天还有几个会呢。没想到，这竟然是他对我说的最后一句话。"每每回想起电梯里的这一幕，郭伟清都觉得无比痛心。

12 月 10 日中午 11 时，邹碧华前往政法委开会，期间给顾全发了一条短信，询问有关人员数据的情况。顾全没想到，这竟然是邹碧华留在他手机上的最后一条信息。

下午 14 时 58 分，陆伟发微信给邹碧华："邹院长，司法改革舆情摘编弄好了，您在的话我给您送过来。"没有回音，陆伟以为邹碧华很忙。他没想到，他再也收不到邹碧华的回音了。

17 时 20 分，邹碧华因心脏病抢救无效而离世。

郭伟清站在病床边，看到邹碧华的一只手垂在床边，他下意识地想把它扶好，当他触摸到那只冰冷的手时，心一下子痛到了极点。

顾全默默地站在急救室外，在死亡证明上填写着邹碧华的身份证号码，他的心空荡荡的，无法接受眼前的事实。

张新和陆伟赶到医院，当看到安静地躺在病床上的邹碧华时，两人的眼泪夺眶而出。

越来越多的人赶到医院，越来越多的人不敢相信眼前所发生的一切……

"一个比我更优秀、比我更努力的人，不顾一切地做着我们热爱的法治事业，现在他倒下了，我们还能退缩吗！"所有人的心里都开始回响着同一个声音。

2015 年 1 月 31 日，上海法院举行了司法改革试点法院首批法官入额考试，196 名法官参加了此次考试。邹碧华生前最关心的司改工作，正按照他和团队原来的设想一步一步地进行着。

斯人已逝，灯火长存！邹碧华的"灯"已经传递到了更多的法官、更多的法律人手中，更多的"燃灯者"将在中国法治发展的道路上砥砺前行！

附　录 ————————— **邹碧华主要学术研究成果**

一、专著及合著类

1.《要件审判九步法》

邹碧华著，法律出版社 2010 年 11 月 1 日第 1 版。

2.《股权转让协议效力司法疑难问题》

潘福仁、史建三、邹碧华等著，法律出版社
2007 年 12 月第 1 版。

二、主编及参与编著类

1.《少年法庭的创设与探索》

邹碧华主编，法律出版社 2009 年 10 月第 1 版。

2.《法庭上的心理学》

邹碧华主编，法律出版社 2011 年 8 月第 1 版。

3.《婚姻家庭纠纷诉讼与实务解答》

邹碧华主编，法律出版社 2013 年 2 月第 1 版。

4.《2013 年上海法院案例精选》

邹碧华主编，上海人民出版社 2013 年 12 月第 1 版。

5.《合同法学》

邹碧华副主编，北京大学出版社 2007 年 3 月第 1 版。

6.《证券民事赔偿司法解释的评述与展开》

上海市高级人民法院编，法律出版社 2003 年 4 月第 1 版。

7.《公司法疑难问题解析》

上海市高级人民法院编，法律出版社 2006 年 2 月第 3 版（共发行 3 版）。

三、论文类

1.《国企改制中劳动关系之司法认定初探》，《中国劳动》2004 年第 8 期。

2.《论归一性股权转让协议之效力》，《法学》2005 年 10 月。

3.《事实劳动关系之司法认定初探》，（最高人民法院）《民事审判前沿》2005 年第 2 期。

4.《我们应当如何看待证据规则》，《法律适用》2006 年 1 月。

策　　划：辛广伟
责任编辑：洪　琼
装帧设计：曹　春

图书在版编目（CIP）数据

法治燃灯者：邹碧华／上海市高级人民法院 编.
－北京：人民出版社，2015.8
ISBN 978－7－01－015022－2

I. ①法… II. ①上… III. ①邹碧华（1967~2014）－生平事迹 IV. ① K825.19

中国版本图书馆 CIP 数据核字（2015）第 153026 号

法治燃灯者：邹碧华
FAZHI RANDENGZHE ZOUBIHUA

上海市高级人民法院　编

人 民 出 版 社 出版发行
（100706　北京市东城区隆福寺街 99 号）

北京汇林印务有限公司印刷　新华书店经销

2015 年 8 月第 1 版　2015 年 8 月北京第 1 次印刷
开本：710 毫米 × 1000 毫米 1/16　印张：7
字数：50 千字　印数：00,001－15,000 册

ISBN 978－7－01－015022－2　定价：29.00 元

邮购地址 100706　北京市东城区隆福寺街 99 号
人民东方图书销售中心　电话（010）65250042　65289539